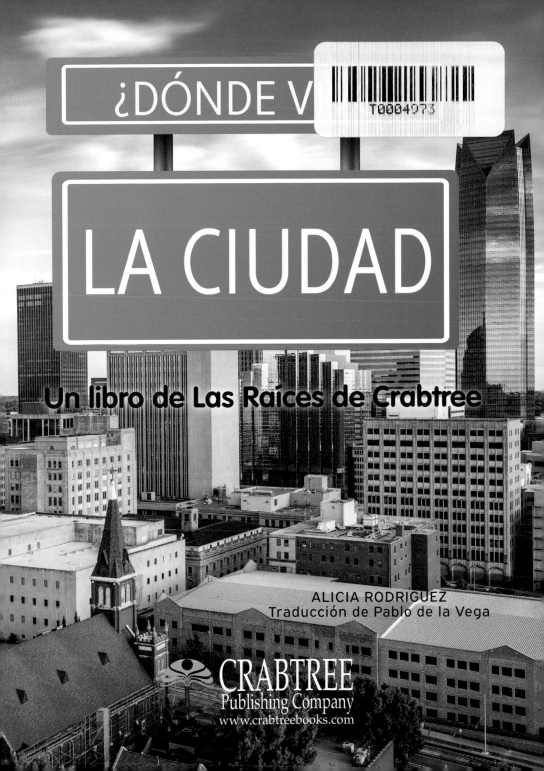

¿DÓNDE V

LA CIUDAD

Un libro de Las Raíces de Crabtree

ALICIA RODRIGUEZ
Traducción de Pablo de la Vega

CRABTREE
Publishing Company
www.crabtreebooks.com

Apoyos de la escuela a los hogares para cuidadores y maestros

Este libro ayuda a los niños en su desarrollo al permitirles practicar la lectura. Abajo están algunas preguntas guía para ayudar al lector a fortalecer sus habilidades de comprensión. En rojo hay algunas opciones de respuesta.

Antes de leer:

- ¿De qué pienso que tratará este libro?
    - *Pienso que este libro es sobre las ciudades.*
    - *Pienso que este libro es sobre lo que podemos encontrar en una ciudad.*
- ¿Qué quiero aprender sobre este tema?
    - *Quiero aprender qué tan grande es una ciudad.*
    - *Quiero aprender cómo se ve una ciudad.*

Durante la lectura:

- Me pregunto por qué...
    - *Me pregunto por qué en las ciudades la gente camina hacia tiendas, parques y escuelas.*
    - *Me pregunto por qué es divertido vivir en una ciudad.*
- ¿Qué he aprendido hasta ahora?
    - *Aprendí que las ciudades tienen muchos edificios.*
    - *Aprendí que las ciudades tienen parques.*

Después de leer:

- ¿Qué detalles aprendí de este tema?
    - *Aprendí que las ciudades tienen escuelas.*
    - *Aprendí que las ciudades tienen edificios altos.*
- Lee el libro una vez más y busca las palabras del vocabulario.
    - *Veo la palabra **ciudad** en la página 3 y la palabra **tienda** en la página 8. Las demás palabras del vocabulario están en la página 14.*

¡Vivo en una **ciudad**!

Vivo en un **departamento**.

Mis amigos viven al lado.

Camino a la **tienda**.

Camino a la **escuela**.

Camino al **parque**.

Veo **edificios** altos.

Es divertido vivir
en la ciudad.

Lista de palabras

Palabras de uso común

a	la	veo
al	mis	viven
camino	un	vivir
en	una	vivo

Palabras para conocer

ciudad

departamento

edificios

escuela

parque

tienda

33 palabras

¡Vivo en una **ciudad**!

Vivo en un **departamento**.

Mis amigos viven al lado.

Camino a la **tienda**.

Camino a la **escuela**.

Camino al **parque**.

Veo **edificios** altos.

Es divertido vivir en la ciudad.

Written by: Alicia Rodriguez

Designed by: Rhea Wallace

Series Development: James Earley

Proofreader: Janine Deschenes

Educational Consultant:
Marie Lemke M.Ed.

Translation to Spanish:
Pablo de la Vega

Spanish-language layout and
proofread: Base Tres

Print and production coordinator:
Katherine Berti

Photographs:
Shutterstock: f11photo: cover; Sean Pavone: p. 1,3,14; Joseph ChunJr: 5, 14; Mike Dotta: p. 6; Nito: p. 9, 14; Christian Mueller: p. 10, 14; Majeczka: p. 12, 14

Library and Archives Canada Cataloguing in Publication

Title: La ciudad / Alicia Rodriguez ; traducción de Pablo de la Vega.
Other titles: City. Spanish
Names: Rodriguez, Alicia (Children's author), author. | Vega, Pablo
    de la, translator.
Description: Series statement: ¿Dónde vivo? | Translation of: City. |
    "Un libro de las raíces de Crabtree". | Text in Spanish.
Identifiers: Canadiana (print) 20210252014 |
    Canadiana (ebook) 20210252022 |
    ISBN 9781039616936 (hardcover) |
    ISBN 9781039616998 (softcover) |
    ISBN 9781039617056 (HTML) |
    ISBN 9781039617117 (EPUB) |
    ISBN 9781039617179 (read-along ebook)
Subjects: LCSH: City and town life—Juvenile literature.
Classification: LCC HT152 .R6318 2022 | DDC j307.76/4—dc23

Library of Congress Cataloging-in-Publication Data

Available at the Library of Congress

Crabtree Publishing Company

Printed in the U.S.A./092021/CG20210616

www.crabtreebooks.com   1-800-387-7650

Copyright © 2022 **CRABTREE PUBLISHING COMPANY**

All rights reserved. No part of this publication may be reproduced, stored in a retrieval system or be transmitted in any form or by any means, electronic, mechanical, photocopying, recording, or otherwise, without the prior written permission of Crabtree Publishing Company. In Canada: We acknowledge the financial support of the Government of Canada through the Canada Book Fund for our publishing activities.

Published in the United States
Crabtree Publishing
347 Fifth Avenue, Suite 1402-145
New York, NY, 10016

Published in Canada
Crabtree Publishing
616 Welland Ave.
St. Catharines, Ontario L2M 5V6